Basteln mit Naturmaterialien

Tolle Ideen für das ganze Jahr

compact kids

compact kids ist ein Imprint der Compact Verlag GmbH

© Compact Verlag GmbH
Baierbrunner Straße 27, 81379 München
Ausgabe 2016

Text: Birgit Kuhn
Projektideen und Ausführung: Anja Grafe-Friedrich
Redaktionsleitung: Dr. Verena Stindl
Redaktion: Cornelia Giebichenstein
Produktion: Ute Hausleiter
Fotos: Birgit Kuhn
Kolumnenillustrationen: Anja Imke: S. 17–31 (Tulpe), S. 33–47 (Muschel), S. 49–77 (Blatt), S. 79–95 (Tannen-
zapfen), Doris Weigl: S. 3–5 (Eichel), S. 8–13, S. 96 (Kastanie)
Schildillustration: fotolia.com/izumi1042
Illustration Schwierigkeitsgrad: Doris Weigl
Elternteil mit Kind-Symbol: fotolia.com/jamie
Schmuckillustrationen: Anja Imke: S. 3 (Floß, Buchecker, Kürbis, Tannenzapfen), S. 4, S. 5 (Buchecker, Ahorn-
samen, Ast mit Blättern, Kürbis), S. 8 (Kastanie), S. 9, S. 10 (Tannenzapfen), S. 11 (Grasbüschel), S. 12, S. 18 (Buch-
ecker), S.20–22, S. 25–31, S. 34–35, S. 37 (Muschel oben), S. 39–40, S. 42 (Grasbüschel), S. 44 (Igel), S. 46–47,
S. 50–51, S. 53–54, S. 56 (Kastanie), S. 58 (Buchecker), S. 60 (Kürbis), S. 62–65, S. 68 (Muscheln), S. 70 (Eich-
hörnchen), S. 73 (Seil), S. 76–77, S. 80 (Tannenzapfen), S. 82–83, S. 85 (Schneeflocke), S. 87 (Tannenzapfen),
S. 90 (Kerzen), S. 92–93, S. 95, S. 96 (alle außer Apfel und Vogelscheuche); Doris Weigl: S. 3 (Apfel), S. 5 (Blatt),
S. 8 (Löwenzahn), S. 10 (Muschel), S. 11 (Blatt, Buchecker, Apfel), S. 13 (Löwenzahn), S. 37 (Muschel unten),
S. 44 (Sonnenblume), S. 57–58 (Kastanie), S. 66 (Apfel), S. 72 (Vogelscheuche), S. 74 (Löwenzahn), S. 96 (Apfel,
Vogelscheuche)
Titelabbildungen: Birgit Kuhn (l. und r.); fotolia.com/piXuLariUm (u.)
Gestaltung: ekh Werbeagnetur GbR, München
Umschlaggestaltung: h3a GmbH, München

ISBN 978-3-8174-9962-5
381749962/1

www.compactverlag.de

INHALT

VORWORT

Hier ein Stein, dort ein Stück Holz, dazu Schneckenhäuser, Zapfen, Kastanien, bunte Blätter ... Kinder sind begeisterte Sammler. Natürlich soll alles mit nach Hause genommen werden! Wohin mit den Schätzen? Eine Weile kann man sie in einer Kiste aufbewahren. Doch mit der Zeit sammelt sich immer mehr an.

Wegwerfen? Kommt nicht in Frage! Warum auch – viele Rohstoffe aus der Natur sind ideal zum Basteln: weich, hart, schwer, leicht, dazu die verschiedenen Farben und Formen ... Unsere Umwelt bietet Materialien unterschiedlichster Art, die sich, wie z. B. Blätter, über das Jahr sogar noch verändern – im Herbst sind die Blätter bunt. Basteln mit Naturmaterialien ist bereits beim Sammeln eine spannende Entdeckungs- reise, die die Sinne und die Kreativität anregt und Interesse an der Natur weckt.

Ein weiterer Vorteil: Naturmaterialien sind, wenn man sie sammelt, kostenlos. Sand, Steine, bunte Blätter, Kastanien, Nüsse ... Die „Grundausstattung" fürs Basteln gibt es draußen in Hülle und Fülle – häufig muss man nur vor die Haustür gehen und sie aufsammeln.

Beim Basteln mit der Natur lernst du, planvoll vorzugehen und Schritt für Schritt die verschiedenen Materialien zu kombinieren. Viele Bastelideen in diesem Buch können – je nach Bastelerfahrung, Alter und Material – sehr gut variiert werden.

Die Natur ist vergänglich, heißt es. Doch das gilt nicht zwangsläufig auch für Bastelarbeiten aus Naturmaterialien. Leuchter, Weihnachtsschmuck, Osterdekoration, eine Kette aus Kürbiskernen – die Projekte in diesem Buch sind Arbeiten, die über längere Zeit haltbar sind. Dazu finden sie zu Hause praktische Verwendung, etwa als Deko-Objekte für drinnen und draußen oder, wie z. B. beim Stein-Memory oder der Kürbiskernkette, als Spielzeug und Schmuck.

Nicht zu vergessen die Bastelklassiker der Saison: Kürbislaternen zu Halloween, Kastanientiere oder Fantasiefiguren aus Früchten des Herbstes. Auch wenn einige Bastelarbeiten, wie z. B. Halloween-Kürbisse, bereits nach Tagen ver-kümmern und nicht mehr brauchbar sind: Mit einem Foto kann man von Jahr zu Jahr die Ergebnisse festhalten und damit auch solche Bastelprojekte in seiner Sammlung „verewigen".

EINFÜHRUNG

Basteln rund ums Jahr

Basteln mit Naturmaterialien ist ein Vergnügen für das ganze Jahr.
Die Natur bietet Rohstoffe in großer Auswahl:

- Im **Frühling** kann man mit den ersten kleinen Blättern und Naturfarben
  Eier färben und damit den Osterstrauß schmücken.
  Wer an einem Fluss unterwegs ist, sollte nicht nur nach auffällig geformten
  Steinen Ausschau halten: Mit der Schneeschmelze befördern Flüsse jede
  Menge Schwemmholz – ebenfalls ein ideales Bastelmaterial.

- Der **Sommer** ist die Zeit, in der man Blumen pflückt und zum Trocknen auf–
  hängt – alternativ dazu kann man sie in einer Blumenpresse haltbar machen.
  Die Pappeln blühen und Pappelflaum, auch Sommerschnee genannt, wirbelt
  durch die Luft.

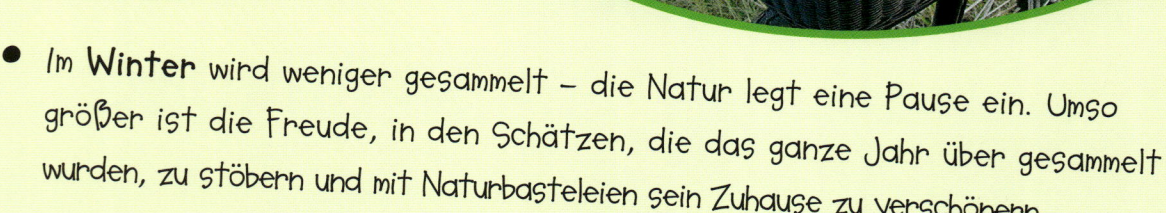

- Im **Herbst** ist Erntezeit –
  auch für Naturbastler:
  Es gibt Kürbisse,
  Zapfen, Stroh,
  Kastanien, Eicheln,
  Bucheckern, Nüsse,
  Hagebutten, dazu
  bunte Blätter, Moos
  und Flechten in Hülle
  und Fülle!

- Im **Winter** wird weniger gesammelt – die Natur legt eine Pause ein. Umso
  größer ist die Freude, in den Schätzen, die das ganze Jahr über gesammelt
  wurden, zu stöbern und mit Naturbasteleien sein Zuhause zu verschönern.

Naturmaterialien sammeln und transportieren

Naturmaterialien sammeln ist einfach – sie liegen am Boden; man braucht sie nur aufzulesen und nach Hause zu bringen. Gute Fundorte sind Parks und Wälder, dazu Fluss- und Seeufer und natürlich Strände mit Sand, Steinen und Muscheln. Hier einige Tipps zum Sammeln:

- **Rücksicht auf geschützte Pflanzen:** Was darf man sammeln? Geschützte Pflanzen dürfen nicht angetastet werden. Blätter oder Blüten abzureißen, um sie zu pfressen, ist verboten. Es dürfen auch keine Samen geerntet werden.

- **Luftdurchlässige Behälter:** Naturmaterialien sind häufig feucht. Deshalb sollten sie in einem offenen, luftdurchlässigen Behälter wie etwa einem Weiden- oder einem Fahrradkorb, einem Karton oder einer Holzkiste gesammelt und nach Hause transportiert werden.

- **Material vor Beschädigung schützen:** Manche Naturmaterialien sind sehr empfindlich, z. B. Blätter und Blüten. Am besten ist es, wenn man sie bereits beim Sammeln in eine große Blumenpresse oder ein Buch spannt. So kann man verhindern, dass sie beschädigt werden oder frische Pflanzen während des Transportes welken.

- **Gartenhandschuhe anziehen:** Wer in einem Park sammelt, in dem auch Hunde unterwegs sind, muss damit rechnen, dass der Boden verunreinigt ist. Zum Sammeln im Park am besten Gartenhandschuhe tragen!

TIPP

NATURMATERIALIEN SELBST HERSTELLEN BZW. KAUFEN

Einige Naturmaterialien braucht man nicht zu sammeln. Man erhält sie (fast) frei Haus.

Hier einige Beispiele:
- Rosensträuße kopfüber zum Trocknen aufhängen.
- Kürbis- und Melonenkerne trocknen.
- Orangen in Scheiben schneiden und trocknen lassen.
- Walnüsse vorsichtig knacken, damit die beiden Hälften erhalten bleiben.
- Eierschalen von gekochten Eiern aufbewahren.

Dazu gibt es Naturmaterialien zu kaufen: Getrocknete Erbsen und Linsen in verschiedenen Größen und Farben sind in Lebensmittelläden erhältlich, Bienenwachs kann man in Bastelfachgeschäften besorgen.

Gesammelte Naturmaterialien haltbar machen und richtig aufbewahren

Naturmaterialien müssen sauber und trocken sein, sonst drohen sie zu verschimmeln und riechen unangenehm. Dazu kommt, dass Naturmaterialien, vor allem Zapfen, von kleinen Käfern und Ameisen bevölkert sein können.

Muscheln und leere Schneckenhäuser aus dem Urlaub enthalten häufig Reste von organischen Materialien und riechen faulig, solange sie feucht sind. Was tun? Erst reinigen, dann trocknen!

TIPP

ERST AUF DEN BALKON, DANN INS HAUS

Bevor man gesammelte Naturmaterialien lagert und damit bastelt, müssen sie durchgetrocknet und gesäubert sein. Deshalb sollte man sie mit einer weichen Bürste vorsichtig reinigen und anschließend regengeschützt auf dem Balkon aufbewahren. Dafür eignen sich am besten luftige Kisten aus Holz. Wichtig: Während des Trocknens die Materialien immer wieder kontrollieren und für reichlich trockene Luftzufuhr sorgen. Nur so kann man verhindern, dass sich Schimmel bildet und alles unbrauchbar wird.

Später, wenn alles gut durchgetrocknet ist, kann man Blätter, Moos, Zapfen & Co. sehr gut in durchsichtigen Kunststoffbehältern aufbewahren.

Hier sind die Materialien stoßfest verpackt und man sieht auf einen Blick, was in den Behältern ist. Zugleich verhindert man, dass Staub auf die Bastelmaterialien kommt und sie verunreinigt werden.

Basteltechniken rund um Naturmaterialien

Was braucht man, um mit Natur-materialien zu basteln? Zunächst ist es wichtig, dass man genügend davon zur Verfügung hat. Der Grund: Gerade bei empfindlichen Materialien wie z. B. Kürbis-kernen, gepressten Blättern oder Blüten kann es passieren, dass das eine oder andere Teil beim Basteln beschädigt wird und ausgetauscht werden muss.

Wo basteln? Ideal ist ein großer Tisch in Fensternähe. Der Tisch sollte mindestens Platz für drei Personen bieten – so können zwei Kinder und ein Erwachsener daran arbeiten bzw. der Erwachsene den Kindern helfen.

Die Projekte, bei denen die Hilfe eines Erwachsenen nötig ist, sind mit diesem Symbol gekennzeichnet:

TIPP

ERST ARBEITSPLATTE ABDECKEN, DANN LOSBASTELN

Beim Basteln passiert es immer wie-der, dass Kleber, Kleister oder Farbe tropfen. Deshalb sollte man den Tisch vor dem Basteln mit einer reiß-festen, strapazierfähigen und ab-wischbaren Unterlage abdecken.

Bastelwerkzeuge

Zum Basteln braucht man eine Grundausstattung an Bastelwerkzeugen.

Dazu gehören:

- stabile Schere
- Schnur und Bindfaden
- Cuttermesser und Extra-Klingensatz
- Bastelunterlage zum Schneiden
- Haar- und Borstenpinsel in verschiedenen Stärken
- evtl. schnurlose Heißklebepistole
- Tapetenkleister zum Anrühren
- Nadeln in verschiedenen Stärken
- Zahnstocher
- Handbohrer

Bastelmaterialien

Natürlich ist es reizvoll, nur mit Materialien aus der Natur zu basteln. Doch es lohnt sich, wenn man sie mit weiteren Materialien ergänzt – viele Bastelprojekte kann man erst durch eine Mischung verschiedener Werkstoffe verwirklichen. Bei den Bastelprojekten im vorliegenden Buch wurden – neben Naturmaterialien – folgende weitere Materialien verwendet:

- Acrylfarben
- Porzellanfarben
- Linoldruckfarben
- Tapetenkleister
- Perlen aus Kunststoff und Glas
- farbiger Basteldraht
- doppelseitiges Klebeband
- Kunststofffolie zum Laminieren
- Bastelklebstoff oder Heißkleber
- Knetmasse

Wenn mit dem Cuttermesser und der Heißklebepistole gebastelt wird, sollte sicherheitshalber immer ein Erwachsener dabei sein.

TIPP

KLEBSTOFFE AUF DEM PRÜFSTAND

Zum Basteln mit Naturmaterialien eignen sich normaler Klebstoff und Kleister. Wer oft bastelt, für den lohnt es sich, eine Heißklebepistole anzuschaffen. Heißkleber hat viele Vorteile: Es ist ein lösemittelfreier Klebstoff, der nach dem Auftragen bei den allermeisten Materialien sehr gute Klebeeigenschaften besitzt – die Objekte halten fest und verrutschen nicht mehr. Ideal ist – speziell für Kinder – eine schnurlose Heißklebepistole, die viel Bewegungsspielraum bietet. Wenn Kinder mit Heißkleber arbeiten, sollte immer ein Erwachsener anwesend sein. Die Spitze der Heißklebepistole erwärmt sich und so wird auch der Kleber heiß. Kinder müssen also vorsichtig damit umgehen. Alle Projekte in diesem Buch lassen sich jedoch auch mit normalem Klebstoff basteln.

LOS GEHT'S – PRAXISTEIL

FRÜHLING

WILDE MASKEN

Material (für 1 Maske):

- Brett in der Größe von etwa 20 cm x 20 cm oder Baumscheibe mit einem Durchmesser von etwa 20 cm

- Naturmaterialien: Fellstücke, Steine, Muscheln, große Samenkapseln, getrocknetes Moos, getrocknete Flechten, Zweige, Federn u. v. m.

- Bastelklebstoff, alternativ Heißklebepistole und Heißkleber

- Bilderhaken

- kleine Nägel

- Hammer

- evtl. auch Bohrer

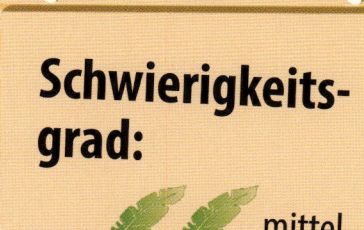

Schwierigkeits-grad:

mittel

Und so geht's:

Befestige auf der Rückseite des Brettes bzw. der Baumscheibe einen Bilderhaken.

1

2

Lege nach und nach die Naturmaterialien, mit denen du die Maske gestalten willst, auf die Baumscheibe.

Lass dir Zeit und probiere dabei verschiedene Möglichkeiten aus!

Befestige anschließend auf einem festen Untergrund, am besten auf einem Bastel-tisch, die Naturmaterialien nach und nach mit Bastelklebstoff oder Heißkleber. Lass dir dabei von einem Erwachsenen helfen. Achte darauf, dass du die Teile, die unten liegen, zuerst festklebst.

Wenn du deine Maske mit einem Geweih aus Zweigen schmücken willst, musst du für die Zweige Löcher in die Baumscheibe bohren und sie dann fest hineinstecken. Zur Sicherheit solltest du dir dabei von einem Erwachsenen helfen lassen.

KRESSE-EIER

Material:

- 4 ausgeblasene Eier, idealerweise in XL-Größe
- kleine Kieselsteine
- feinkrümelige Erde, ersatzweise Watte
- Schnur bzw. Bindfaden, pro Ei jeweils etwa 50 cm lang
- Eierbohrer
- Holzbohrer
- Kressesamen
- mit Wasser gefüllte Gießkanne
- Schwemmholz zum Aufhängen
- Schere

Und so geht's:

Schwierigkeits-grad:

mittel

Bohre mit dem Eierbohrer vorsichtig an zwei gegenüberliegenden Stellen Löcher für die Aufhängung des Kresse-Eis.

1

Nimm das ausgeblasene Ei und vergrößere das Ausblaseloch, indem du vorsichtig weitere Stücke abbrichst.

2

Bohre an die Stellen des Schwemmholzes, wo du die Kresse-Eier aufhängen willst, jeweils ein Loch mit dem Holzbohrer. Insgesamt bohrst du 4 Löcher, die denselben Abstand zueinander haben sollten.

Nimm die Schnur, ziehe sie zuerst durch das Loch im Schwemmholz und dann von beiden Seiten vorsichtig von außen durch die Löcher im Ei.

Befestige das Ei mit einem Knoten an den Schnurenden.

Fülle zuerst ein paar Kieselsteine in jedes Ei, gib darauf dann die feinkrümelige Erde oder Watte.

Verteile einige Kressesamen auf der Erde. Nimm nicht zu viele, sonst haben die Keime nicht genügend Platz zum Wachsen.

Drücke die Samen leicht an.

9

Hänge mit der Hilfe eines Erwachsenen die Kresse-Eier an einem Fenster auf.

Gieße die Samen vorsichtig an und wiederhole das Gießen, nachdem die Samen aufgegangen sind und die Pflänzchen jeden Tag ein Stück größer werden.

10

11

Nach einigen Tagen sind die Pflänzchen so groß, dass du die Kresse mit der Schere ernten kannst.

TÜRSCHILD

Material:

- stabile Pappe, dünne Spanplatte oder Laub-sägeplatte als Untergrund
- Cuttermesser
- verschiedene Naturmaterialien zum Aufkleben, z. B. Astabschnitte, Strohhalme, getrocknete Pflanzen
- breites Kreppband
- Lineal und Bleistift
- Tafelfarbe
- flacher Borstenpinsel
- Kreide
- Schnur
- je nach Material und Untergrund Holzleim oder Bastelklebstoff oder Heißklebepistole mit Heißkleber
- dünner Handbohrer
- ablösbare Aufhänge-Klebestreifen

Und so geht's:

Schwierigkeits-grad:

mittel

Lege die Größe deines Türschildes fest. Falls der Untergrund zu groß ist, kannst du mit Lineal und Bleistift die Größe mit Linien vorzeichnen.

Schneide mit einem Cuttermesser die Unter-grundplatte zu. Damit du exakt entlang der Linie schneidest, kannst du z. B. ein gerades Stück sehr feste Pappe, entlang derer du das Cuttermesser führst, zu Hilfe nehmen.

Lege mithilfe von Lineal und Bleistift einen Rand für das Klebeband fest. Klebe den Rand mit dem Kreppband ab. Achte dabei darauf, dass das Krepp-band am inneren Rand lückenlos auf dem Untergrund haftet.

Gib einen kleinen Klecks Tafelfarbe in die Mitte der Fläche. Nimm eher zu wenig als zu viel – die Farbe muss dünn verstrichen werden. Verstreiche die Tafelfarbe mit einem flachen Borstenpinsel gleichmäßig auf dem Untergrund. Streiche dabei über die Abklebekante hinaus; so stellst du sicher, dass die Fläche bis zum Rand farbig wird. Damit die Tafelfarbe gut deckt und haftet, ist es notwendig, dass du die Farbe mehrmals aufträgst.

5

Nach dem letzten Auftragen und Abtrocknen der Tafelfarbe löst du die Klebestreifen vorsichtig ab.

Wähle geeignete Naturmaterialien zum Verzieren des Türschildrahmens aus und klebe diese mit Holzleim auf deine Untergrundplatte. Achte beim Kleben auf die Anleitung. Schneller geht das Kleben mit einer Heißklebepistole. Hier musst du jedoch besonders vorsichtig sein – Heißklebepistolen werden sehr heiß! Klebe die Naturmaterialien nach und nach auf den Rand der Unterlage.

6

7

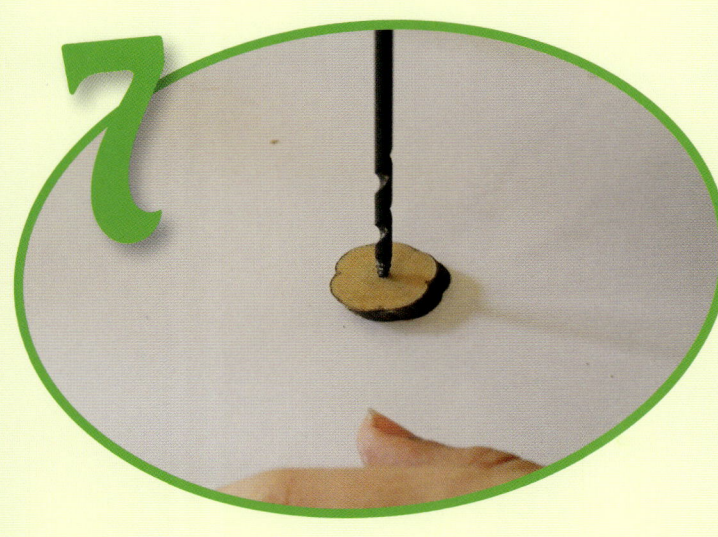

Bohre mit einem Handbohrer vorsichtig ein Loch in die Mitte eines Holzplättchens. Wenn du Glück hast, findest du ein Plättchen mit einem Loch in der Mitte – dann brauchst du nicht zu bohren!

8

Schneide einen etwa zwei Zentimeter breiten Papierstreifen ab und streiche ihn großflächig mit Holzleim ein.

Umwickele die Kreide einmal mit dem Papierstreifen. Lege anschließend den Anfang einer etwa 30 Zentimeter langen dünnen Schnur zwischen die umwickelte Kreide und das Papier. Wickele das Papier dann komplett um die Kreide.

9

10

Verknote das andere Ende der Schnur mit dem Holzplättchen, in das du vorhin ein Loch gebohrt hast.

Klebe nun das Plättchen mit der Schnur auf ein Plättchen am äußeren Rand des Türschildes. Klebe ein weiteres Plättchen daneben. Damit erhältst du einen Zwischenraum zwischen dem Türschild und der Tür, auf der das Schild befestigt wird. Lege die Kreide hinter den neu aufgeklebten Plättchen ab. So hast du eine sichere Aufbewahrung für dein Kreidestück!

Klebe nun Aufhänge-Klebestreifen auf die Rückseite des Türschildes. Damit wird die Tür nicht beschädigt, denn du kannst die Klebestreifen wieder ablösen! Achte auf die Tragfähigkeit der Klebestreifen und das Gewicht deines Türschildes – beides muss übereinstimmen. Anschließend kannst du dein Türschild an die Tür kleben und es beschriften.

TIPP

TÜRSCHILDER FÜR ALLE!
Türschilder sind auch als Geschenk für deine Freunde oder deine Familie sehr willkommen. Du kannst auch mehrere Türschilder an deiner Tür befestigen und darauf verschiedene Botschaften oder Merksprüche eintragen!

EIER FÄRBEN MIT NATURFARBEN

Material:

- ausgeblasene Eier
- Essig
- Küchentuch
- Naturfarben für Eier
- Nylonstrumpf, in breite Streifen geschnitten
- Bindfaden
- Schere
- frische Blätter
- Topf mit Wasser
- Gläser, Tassen und Stäbchen (zum Beschweren)
- dünne Gummihandschuhe (Hygiene-handschuhe)
- Streichhölzer

Schwierigkeits-grad:

schwer

Und so geht's:

1

Gib Essig auf ein Küchentuch und reibe die ausgeblasenen Eier ab. So werden sie von Schmutz gereinigt und können die Farbe besser aufnehmen.

2

Lege Blätter auf ein Ei und überziehe das Ei mit einem Stück Strumpf. Achte darauf, dass der Strumpf fest sitzt und möglichst keine Falten wirft.

Binde den Strumpf mit einem Bind-faden fest zusammen. Lass dir von einem Erwachsenen dabei helfen.

3

Lege jedes Ei in ein Glas.

4

Löse die Naturfarben in kochendem Wasser auf und gieße die Flüssigkeit über die Eier. Lass dir von einem Erwachsenen dabei helfen.

5

Los geht's – Praxisteil

Drücke die Eier so lange unter die Wasser-oberfläche, bis sie mit Wasser vollgelaufen sind. Erst danach kannst du sie mit Stäbchen und einer Tasse beschweren, sodass sie unter der Wasseroberfläche bleiben.

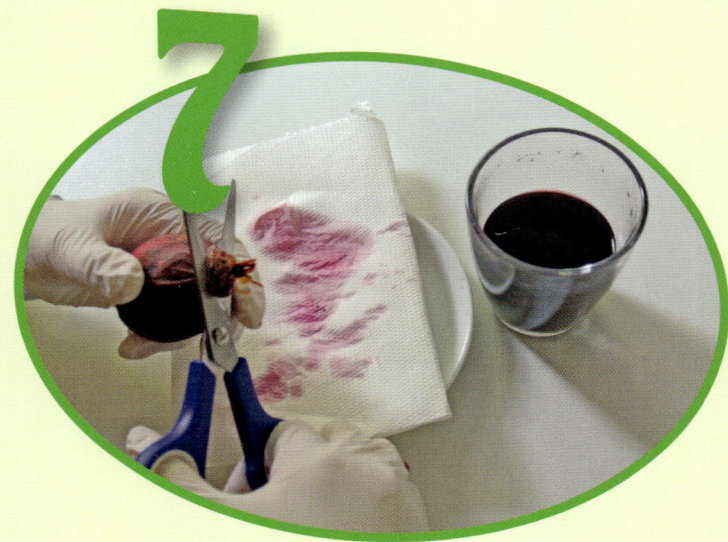

Nach einigen Stunden kannst du die Eier aus dem Wasser nehmen und den Strumpf mit der Schere abschneiden. Ziehe dazu am besten Gummihandschuhe an – das Wasser färbt ab!

Nimm die Blätter von dem Ei ab; an der Stelle, wo Blätter waren, ist das Ei hell geblieben.

Nimm ein Stück Bindfaden, befestige es in der Mitte eines Streichholzes und schiebe es durch das Loch des Eis.

Hänge die Eier an einem Osterstrauß auf.

TIPP

EIER HART KOCHEN UND FÄRBEN

Wiederhole die Schritte 1 bis 3. Lege die rohen Eier in das Wasser mit der aufgelösten Naturfarbe. Koche die Eier 10 Minuten lang und lass die Eier in dem Wasser mehrere Stunden durchziehen.

SOMMER

ANHÄNGER UND BILD AUS NATUR-MATERIALIEN

Material:

Für den Anhänger:

• Knetmasse oder Plastilin

• kleine, feste Naturmaterialien nach Wahl, z. B. Bohnen, Linsen, Muscheln

• 2 gleich große Schraubdeckel pro Anhänger

• Bast oder Schnur

• Bastelklebstoff, alternativ Heißklebepistole und Heißkleber

Für das Bild:

• fester Karton in der gewünschten Bildgröße

• Bilderrahmen (optional, passend zur Größe des Kartons)

Und so geht's:

Schwierigkeits-grad:

leicht

Anhänger aus Naturmaterialien

Nimm ein Stück Knete, drücke es mit den Fingern in die Vertiefung des Schraubdeckels und streiche die Knetmasse glatt. Achte darauf, dass die Knetmasse den Deckel bis knapp unter den Rand ausfüllt.

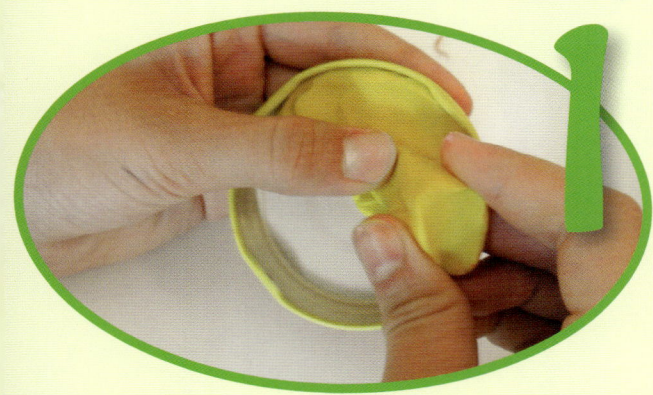

Drücke nun die Naturmaterialien in die Knetmasse. Am besten beginnst du mit einem runden oder sternförmigen Objekt in der Mitte und ordnest die Naturmaterialien kreisförmig um das Objekt in der Mitte an.

3

Fertige nach dem ersten Deckel einen zweiten Deckel an: Du kannst hier dasselbe oder auch ein anderes Muster wählen. Fertige am besten mehrere Anhänger-Deckel an oder bastele zusammen mit deinen Geschwistern oder Freunden!

Drehe den Deckel so, dass die Rückseite zu sehen ist. Schneide ein Stück Bast oder Schnur ab und lege es in einer Schlinge auf den Deckel; dabei sind die Schnurenden in der Deckelmitte. Gib nun einige Tropfen Klebstoff auf den Rand des Deckels. Lege dann den zweiten Deckel mit dem Deckelrücken darauf, sodass beide Deckelrücken zusammenkleben.

4

5

Gib ein wenig Klebstoff auf den Rand der Deckel und umwickele die Deckelränder mit Bast. Die Bastenden kannst du zu einer Schleife zusammenführen. Anschließend kannst du den Anhänger aufhängen.

Variante: Bild aus Naturmaterialien

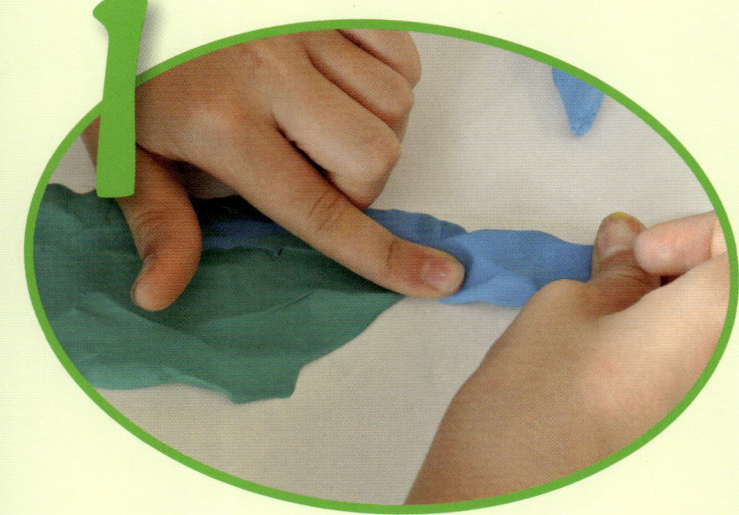

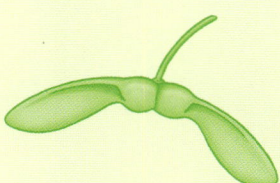

Trage die Knete auf den Karton auf und verteile die Masse gleichmäßig über die gesamte Fläche. Die Knetschicht sollte mindestens zwei Millimeter stark sein.

Drücke nun die Naturmaterialien in die Knetschicht. Am besten beginnst du in der Mitte und ordnest die Materialien kreis- oder spiralförmig an.

Jetzt ist dein Naturmaterialienbild fertig! Zum Aufhängen kannst du es in einen Rahmen einfügen, oder du stellst es in ein Regal, dann brauchst du keinen Rahmen.

SCHATZKISTE MIT MUSCHELDEKOR

Material:

- alte Zigarrenkiste oder Spanschachtel
- Muscheln
- Bastelklebstoff, alternativ Heißklebepistole mit Heißkleber

Schwierigkeitsgrad:

leicht

Und so geht's:

1 Wähle einige Muscheln aus, mit denen du die Schachtel dekorieren möchtest, und lege ein Muster zur Probe. Beginne dabei in der Mitte der Schachtel. Probiere am besten mehrere Entwürfe aus, bevor du dich für ein Muster entscheidest!

Träufele nun an die Stelle in der Mitte, wo du eine Muschel platzieren willst, Bastelklebstoff oder flüssigen Heißkleber.

2

Drücke die Muschel fest
auf den Klebstoff.

Fixiere nach und nach alle Muscheln, die du auf der
Schachtel verteilt hast: Träufele dazu immer reichlich Bastelklebstoff oder Heißkleber auf die Stelle
der Schachtel, auf die du anschließend die Muschel
kleben möchtest.

Drücke die Muscheln
vorsichtig an.

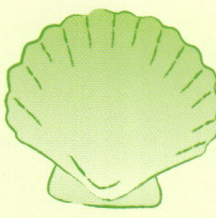

WINDLICHT MIT BLÄTTERN

Material:

- großes Glasgefäß
- kleine gepresste Blätter
- 2 Bögen Laminierfolie
- Laminiergerät, alternativ Bügeleisen und Küchentuch
- doppelseitiges Klebeband (durchsichtig)
- Schere
- Teelicht und langes Streichholz

Schwierigkeits-grad:

leicht

Und so geht's:

Lege gepresste Blätter zwischen die zwei Bögen der Laminierfolie.

Laminiere die gepressten Blätter mit einem Laminiergerät. Du kannst stattdessen auch ein Bügeleisen verwenden. Lege dann ein Küchentuch zwischen Folie und Bügeleisen. Achtung: Achte bei elektrischen Geräten auf die Sicherheit!

3

Schneide die einzelnen Blätter großflächig aus.

Beklebe die laminierten Blätter mit einem Stück des durchsichtigen doppelseitigen Klebebands.

4

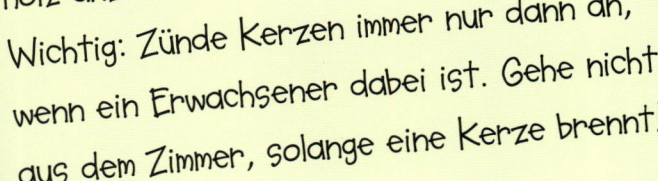

5

Klebe die laminierten Blätter außen auf das Gefäß. Dann kannst du das Teelicht in das Glasgefäß geben und mit dem langen Streich-holz anzünden.

Wichtig: Zünde Kerzen immer nur dann an, wenn ein Erwachsener dabei ist. Gehe nicht aus dem Zimmer, solange eine Kerze brennt!

STEIN-PUZZLE

Material:

- Steine mit hell gefärbten Linien bzw. „Adern"
- Kiste zum Sammeln
- Olivenöl

Schwierigkeits-grad:

🪶 leicht

Und so geht's:

1 Sammele in einer Kiste Steine, die von Linien durchzogen sind.

2 Damit dein Stein-Puzzle besonders schön glänzt, solltest du die Steine mit Olivenöl einreiben. Lege die Steine anschließend so aneinander, dass sich die Linien, die die Steine durchziehen, berühren.

POSTKARTEN-HALTER MIT NATUR-MATERIALIEN

Material:

- 1 kleines Stück Schwemmholz oder Rinde, das stabil auf dem Untergrund steht
- Handbohrer in verschiedenen Größen
- haltbare Naturmaterialien, die durchbohrt werden können, z. B. Schneckenhäuser, Kastanien, getrocknete Seebälle vom Strandspaziergang
- Holzperlen
- farbiger Basteldraht (Länge ca. 20 cm)
- Schneidezange
- Bastelzange

Schwierigkeits-grad:

mittel

Wähle ein geeignetes Stück Schwemm-holz aus und durchbohre es mit einem Handbohrer.

Schneide mit der Schneidezange etwa 20 Zenti-meter von dem dicken farbigen Basteldraht ab. Drehe ein Ende des Drahtes mit der Bastel-zange zu einer kleinen Schnecke.

Durchbohre die Naturmaterialien vorsichtig mit einem kleinen Handbohrer.

Fädele die Naturmaterialien nach und
nach auf den Draht auf und stecke
das Ende des Drahtes durch das
Loch im Schwemmholz.

Drehe das Ende des Drahtes zu einer
kleinen Schnecke - so ist der Draht fest.
Jetzt kannst du deinen Postkartenhalter
aufstellen und deine Lieblingspostkarten
und Nachrichtenzettel daran befestigen.

STEIN-MEMORY

Material:

- 64 etwa gleich große und gleich geformte, möglichst flache Steine (oder weniger, wichtig ist die gerade Anzahl)
- Bleistift
- Porzellanmalfarben
- feine Pinsel
- Backblech und Backofen zum Brennen

Und so geht's:

Skizziere mit Bleistift nacheinander einfache Motive auf die Steine. Achte dabei darauf, dass du jedes Motiv zweimal verwendest.

Schwierigkeits-grad:

mittel

Fülle die Form des Motivs, das du auf die Steine skizziert hast, mit der Porzellanmalfarbe. Benutze dabei einen möglichst feinen Pinsel.

Ergänze nach und nach immer mehr Motive und lass die Porzellanmalfarbe trocknen.

Lege die bemalten Steine nach dem Trocknen auf ein Backblech und lass sie im Backofen bei der auf den Farben angegebenen Temperatur (ca. 160 Grad Celsius) trocknen.

Lass die Steine im Ofen langsam erkalten. Sobald sie abgekühlt sind, kannst du sie herausnehmen und mit dem Spielen loslegen!

BAMBUSFLOSS

Material:

- Bambusstangen, Länge insgesamt ca. 2 m
- Gartenschere
- Juteschnur
- 1 großes Blatt als Segel
- Schere

Und so geht's:

Teile die Bambusstücke mit einer stabilen Gartenschere in etwa 20 Zentimeter lange Teile; achte darauf, dass die Bambusstangen gleich lang sind. Lege drei dünnere und längere von ihnen zur Seite. Du brauchst sie später für den Mast und die Aussteifung des Floßes.

Schwierigkeitsgrad:

schwer

Lege die Bambusstangen nebeneinander. Achte darauf, dass keine großen Zwischenräume zwischen den Stangen entstehen.

Los geht's – Praxisteil

Schneide ca. 50 Zentimeter Schnur ab und lege die Schnur zusammen. Schlinge sie etwa drei Zentimeter vom Rand entfernt über das erste Bambusstück und mache einen Knoten.

Schlinge die Schnur von oben und unten über das nächste Bambusstück und befestige das Stück mit einem Knoten. Wiederhole diesen Arbeitsschritt, bis du am Ende der Reihe angekommen bist. Gehe auf der anderen Seite der Bambusstangen genauso vor.

Lege zwei dünne Bambusstangen kreuzweise über die so entstandene Bambusmatte. Verknote die Bambusstangen an den Ecken – so erhält das Floß die notwendige Stabilität.

6

Befestige die letzte Bambusstange in der Mitte als Mast und verknote sie unten kreuzweise mit den Bambusstangen, die das Floß stabilisieren.

7

Befestige das Blatt mit einer Schnur am Mast.

TIPP

RINDENBOOTE

Du kannst auch mit einfacher Baumrinde Rindenboote bauen. Stelle dazu einfach einen Holz- oder Bambusstab als Mast auf ein Stück Baumrinde und befestige ein Segel aus Stoffresten daran. Besonders günstig ist es, wenn du zwei kleinere Rindenstücke links und rechts vom Bootsrumpf befestigen kannst, dadurch wird dein Rindenboot stabiler.

HERBST

BILD AUS HERBSTBLÄTTERN

Material:

- Blumenpresse oder dickes Buch
- Blätter von Bäumen, Sträuchern, Blumen
- Tonpapier
- Klebestift
- Schere

Und so geht's:

Schwierigkeitsgrad:

leicht

Presse deine gesammelten Blätter in einer Blumenpresse oder einem dicken Buch und warte einige Tage, bis die Blätter flach gepresst und nicht mehr feucht sind.

Lege deine gesammelten Blätter nach Form und Farbe geordnet auf den Tisch. So hast du einen Überblick über die Auswahl an Bastelmaterialien. Du kannst direkt auf einzelne Blätter zugreifen und es besteht nicht die Gefahr, dass sie beim Suchen beschädigt werden.

3

Nimm ein großes Blatt Tonpapier und lege darauf nach und nach die Blätter in der Form, wie du sie später aufkleben möchtest.

4

Schneide, wenn nötig, einzelne Teile wie z. B. den Stiel mit einer Schere ab.

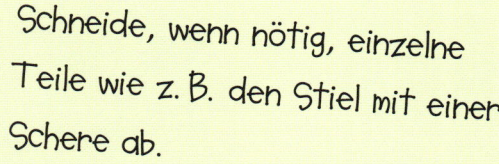

5

Beginne mit dem Kleben an der unteren Kante deines Bildes. So stellst du sicher, dass du nicht versehentlich Blätter verschiebst. Streiche dazu die Stelle, auf die du ein Blatt kleben willst, mit einem Klebestift ein.

Lege anschließend das Blatt darauf und drücke es vorsichtig an.

Wenn das Blatt stabil ist, kannst du es auch direkt mit dem Klebstoff einstreichen. Lege das Blatt auf eine Unterlage und streiche mit dem Klebestift vom Blattstiel aus bis zum Blattrand. Lege anschließend das Blatt auf deinem Blätterbild an die richtige Stelle und drücke es an.

Achte beim Kleben von Blättern, die sich überlappen, auf die richtige Reihenfolge: Klebe zuerst die Blätter auf, die zuunterst auf dem Tonpapier aufliegen wie z. B. die Beine deiner Figur. Ergänze dann das Blatt, das den Rumpf darstellt.

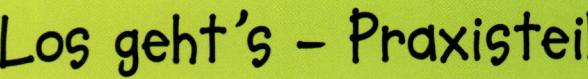

HALLOWEEN-KÜRBIS

Material:

- großer Kürbis (am besten von der Sorte Jack O' Lantern)
- Kürbissäge und Kürbisschaber oder kleines Küchenmesser und Esslöffel
- schwarzer Permanentmarker (wasserfester Filzstift)
- großes Teelicht
- Zündhölzer

Schwierigkeits-grad:

mittel

Und so geht's:

Zeichne das Muster bzw. das Kürbisgesicht mit dem Filzstift auf den Kürbis. Beginne am besten mit dem Deckel und skizziere dann das Gesicht – Augen, Nase und Mund.

Stich mit der Kürbissäge oder dem Küchen-messer an der Ausschneidelinie ein Loch in den Kürbis und säge zuerst die Deckelform aus. Achte darauf, dass du immer entlang der Linie sägst. Lass dir von einem Er-wachsenen dabei helfen.

Nimm den ausgesägten Deckel vorsichtig vom Kürbis ab. Falls sich der Deckel nicht lösen lässt, musst du noch einmal nachsägen.

Greife in das Innere des Kürbisses und nimm die Fasern mit den Kernen heraus. Lege die Kerne beiseite und lass sie trocknen. Du kannst sie später essen oder zu weiteren Bastelarbeiten, z. B. einer Kette (s. S. 59 ff.), verwenden!

Entferne mit dem Kürbisschaber bzw. dem Esslöffel das Fruchtfleisch aus dem Inneren des Kürbisses. Streiche dabei mit der Kante des Schabers über den Boden und das Innere des Kürbisses. Gib das Fruchtfleisch in eine Schüssel – du kannst damit leckere Kürbismarmelade zubereiten!

6

Säge nun die restlichen Teile aus – Augen, Mund und Nase.

Fasse mit einer Hand in den Kürbis und drücke die ausgesägten Formen vorsichtig heraus.

7

8

Stell ein großes Teelicht in den Kürbis. Warte, bis es dunkel wird. Dann kannst du die Kerze anzünden. Setze anschließend den Deckel ein wenig versetzt auf – so kann das Kerzenlicht auch oben durchscheinen und die Kürbislaterne sieht noch ein wenig gruseliger aus!

KASTANIENTIERE

Material:

- frische Rosskastanien
- Naturmaterialien für Ohren, Geweih, Hörner und Schwanz, z. B. getrocknete Erlenzapfen, Samen von Ahorn und Lupinen, Bucheckern, getrocknete Blätter, Blumen usw.
- große Zündhölzer
- Schere
- Handbohrer in verschiedenen Größen

Und so geht's:

Schwierigkeits-grad:

mittel

Beginne mit dem Körper: Nimm eine große Kastanie und bohre mit einem passenden Handbohrer ein Loch. Achte darauf, dass du die Kastanie zwischen Daumen und Zeigefinger hältst und du nicht zu tief hineinbohrst.

Nimm eine kleinere Kastanie, bohre wieder ein Loch hinein und stecke ein Zündholz in das Loch. Diese Kastanie wird der Kopf.

3

Kürze das Zündholz mit der Schere, damit der Hals die richtige Länge erhält. Wichtig: Schneide immer den Zündholzkopf ab. Kleinere Geschwister oder jüngere Freunde können leicht auf die Idee kommen, ein Zündholz herauszuziehen und damit zu spielen – das ist gefährlich!

Anschließend steckst du das andere Ende des Zündholzes in das Loch, das du vorher in die große Kastanie gebohrt hast.

4

5

Bohre mit dem kleinen Handbohrer zwei kleine Löcher in die Kopf-Kastanie und stecke Naturmaterialien für die Ohren hinein, z. B. getrocknete Lupinensamen.

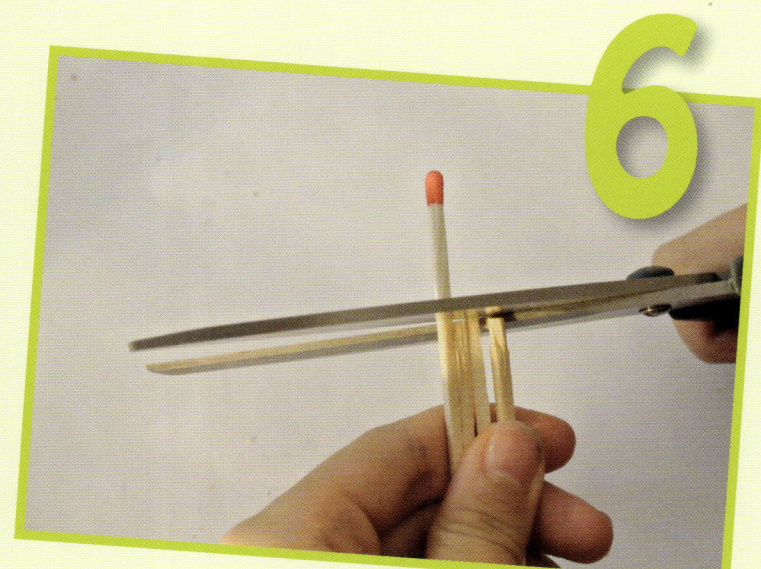

Kürze anschließend vier Zündhölzer, die du als Beine verwenden willst, mit einer Schere auf die richtige Länge. Schneide wieder den Kopf des Zündholzes ab.

Bohre an der Unterseite des Tieres vier größere Löcher für die Beine und stecke die vier Zündhölzer hinein.

Wenn du magst, kannst du deinem Tier noch ein Geweih und einen Schwanz geben: Bohre dazu mit einem dünnen Bohrer für das Geweih zwei Löcher in den Kopf. Stecke passende Naturmaterialien hinein, z. B. getrocknete Blüten.

9

Bohre für den Schwanz ein Loch hinten am Rumpf.

10

Stecke geeignete Naturmaterialien hinein, z. B. getrocknete Blüten oder einen stacheligen Samen.

TIPP

KASTANIENTIERE BASTELN IST EIN RIESENSPASS!

Hier kannst du deiner Fantasie freien Lauf lassen und Tiere in den verschiedensten Formen gestalten. Wer hat welche Ideen? Lade deine Freunde, Geschwister oder Eltern zu einer Kastanientierparty ein und bastelt zusammen einen Kastanientierzoo!

KETTE AUS KÜRBISKERNEN

Material:

- Kürbiskerne
- Schüssel mit Wasser
- Tablett
- Küchenpapier
- Zahnstocher
- dicke Stange Knete zum Aufspießen der Zahnstocher
- Acrylfarben
- dünne Pinsel
- 1 große Stopfnadel mit stumpfer Spitze
- Hutgummi
- Schere
- evtl. Handbohrer

Und so geht's:

Schwierigkeitsgrad:

mittel

1

Wasche die Kürbiskerne, die du beim Aushöhlen deines Halloween-Kürbisses entnommen hast (s. S. 53), in klarem Wasser; achte darauf, dass sich keine Fasern mehr an den Kernen befinden. Du kannst natürlich auch Kürbiskerne aus dem Vorratsschrank in der Küche verwenden. Dann entfällt Schritt 2 und du kannst direkt mit Schritt 3 weitermachen.

Lege die gewaschenen Kürbiskerne zum Trocknen auf das Tablett, das du vorher mit Küchenpapier ausgelegt hast. Warte mehrere Tage, bis die Kürbiskerne durchgetrocknet sind, und wende sie während dieser Zeit mehrmals. Löse dabei das feine Häutchen, das die Kerne umgibt, ab.

Durchbohre die getrockneten Kürbiskerne mit dem Zahnstocher und lege sie beiseite. Die Kürbiskerne, die du bemalen willst, steckst du in einem Abstand von etwa einem halben Zentimeter auf die Zahnstocher. Auf einen Zahnstocher kannst du etwa fünf Kürbiskerne auffädeln. Tipp: Falls die Kerne sehr hart sind, kannst du sie mit einem dünnen Handbohrer durchbohren.

Bemale die Kürbiskerne zunächst auf einer Seite mit einer Acrylfarbe deiner Wahl.

5

Bemale die Kerne anschließend auf der anderen Seite.

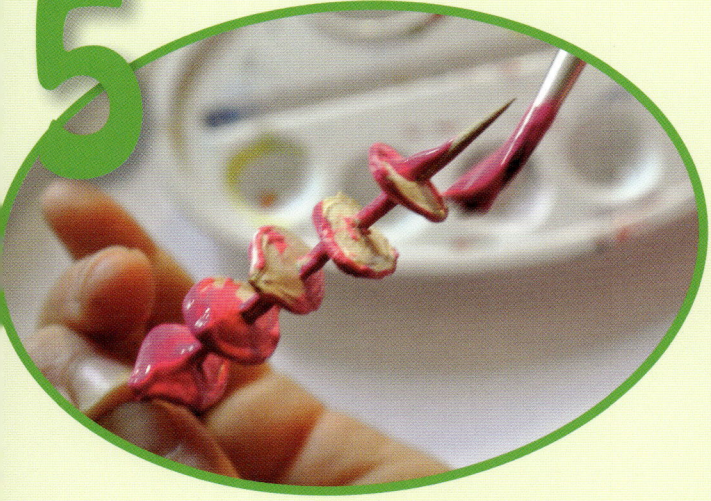

Stecke die Zahnstocher mit den bemalten Kürbiskernen zum Trocknen auf die Knete. Warte einen Tag ab, bis die Farbe völlig durchgetrocknet ist.

6

7

Löse die bemalten und durchgetrockneten Kürbiskerne durch vorsichtiges Drehen von den Zahnstochern ab und lege sie beiseite.

Wenn du magst, kannst du die Kürbiskerne in verschiedenen Farben bemalen und ein Muster aus bemalten und unbemalten Kürbiskernen legen. So kannst du eine Kette mit einem Muster nach deinem Geschmack gestalten.

8

9

Schneide ein Stück Hutgummi in der geeigneten Länge für eine Kette bzw. ein Armband ab. Mach an dem einen Ende des Gummibandes einen Knoten, das andere Ende fädelst du auf die Stopfnadel auf. Lass dir am besten von einem Erwachsenen dabei helfen.

Fädele die Kürbiskerne nacheinander auf.

10

11

Verknote die Enden des Hutgummis miteinander. Achte darauf, dass die Kette locker um deinen Hals bzw. Arm liegt, so ist es am bequemsten, und du kannst die Kette bzw. das Armband leicht an- und ausziehen.

KISSENHÜLLEN MIT KARTOFFEL- UND APFELDRUCK

Material:

Für den Kartoffeldruck:
- alte Kissenhülle aus reiner Baumwolle, frisch gewaschen und gebügelt
- mehrere große Kartoffeln
- Plastikfolie
- Messer
- Ausstechförmchen für Plätzchen
- Stoffmalfarben
- Pinsel

Für den Apfeldruck:
- alte Kissenhülle aus reiner Baumwolle, frisch gewaschen und gebügelt
- 1 Apfel
- Messer
- Plastikfolie
- 2 verschiedene Stoffmalfarben, z. B. Rot und Grün
- Pinsel

Und so geht's:

Schwierigkeits-grad:

mittel

Kissenhülle mit Kartoffeldruck:

Schneide eine Kartoffel in zwei Teile.

Lege ein Ausstechförmchen auf die Anschnittstelle und drücke es etwa einen halben Zentimeter tief in die Kartoffel.

Schneide die Stempelfläche vorsichtig frei.

Nimm das Förmchen von der Kartoffel.

Wiederhole die Schritte 1 bis 4 mit weiteren Förmchen – so kannst du ein abwechslungsreiches Muster drucken.

Nimm eine Plastikfolie und lege sie flach in die Kissenhülle. So verhinderst du, dass beim Drucken Farbe auf die Rückseite des Kissens durchsickert.

Nimm einen Pinsel und bestreiche nun eine Form mit Stoffmalfarbe.

Drücke den Kartoffeldruckstempel auf den Stoff und hebe den Stempel nach dem Andrücken vorsichtig ab. Lass die Farbe antrocknen.

Variante: Kissenhülle mit Apfeldruck

Schneide den Apfel in zwei Hälften und lege eine Plastik-folie in die Kissenhülle.

Bestreiche die Apfelhälften mithilfe eines Pinsels mit Stoffmalfarbe.

Bedrucke die Kissenhülle mit den Apfel-Druckstöcken und lass sie anschließend trocknen. Befülle sie dann mit einer Kissenfüllung. Du kannst natürlich auch eine Kissenhülle sowohl mit Kartoffel- als auch mit Apfeldruck gestalten.

WINDLICHT MIT NATUR-MATERIALIEN 👨‍👧

Material:

- großes Glasgefäß
- getrocknete dünne Zweige und Äste
- doppelseitiges Klebeband (durchsichtig)
- Schere
- dünner Basteldraht
- Teelicht und langes Streichholz

Und so geht's:

Schwierigkeits-grad:

 mittel

eklebe die Außenseite des Glasgefäßes mit doppel-seitigem Klebeband. Drücke die getrockneten Zweige nd Äste senkrecht an die Außenwand des Glases. ass dir von einem Erwachsenen dabei helfen.

Wickele Basteldraht um das Glasgefäß mit den Zweigen. Setze die Kerze hinein und zünde sie mit dem langen Streichholz an. Wichtig: Zünde Kerzen immer nur dann an, wenn ein Erwachsener dabei ist. Gehe nicht aus dem Zimmer, solange eine Kerze brennt!

MÜHLESPIEL MIT SCHNECKEN-HÄUSERN

Material:

- Bilderrahmen aus Holz mit Rückseite und umlaufender Rahmenleiste oder Holzplatte, ca. 40 cm x 40 cm
- 18 etwa gleich große leere Schneckenhäuser
- Acrylfarben in Weiß und Schwarz
- 2 Borstenpinsel
- transparenter Sprühlack
- 1 Rolle Reispapier
- Lineal
- Geodreieck
- Bleistift
- Cuttermesser

Schwierigkeits-grad:

leicht

Und so geht's:

1

Teile die Schneckenhäuser in zwei Gruppen zu je neun auf.

Bemale neun Schneckenhäuser weiß und neun Schneckenhäuser schwarz. Am einfachsten ist es, wenn du die Schneckenhäuser beim Bemalen auf deine Fingerkuppe setzt.

Ideal ist es, wenn du die Schneckenhäuser zwei-mal übermalst, erst dann ist die Farbe deckend. Wenn die Farbe getrocknet ist, kannst du die Schneckenhäuser mit transparentem Sprühlack besprühen, dann glänzen sie.

Ermittele mit dem Geodreieck die Mitte des Spielbrettes – das ist der Bilderrahmen oder die Holzplatte – und markiere sie mit dem Bleistift.

Klebe nun die Linien für das Mühlespiel auf. Beginne mit den Linien am äußeren Rand und klebe einen Streifen Reispapier als äußere Linie etwa einen Zentimeter vom Rand entfernt auf.

Lege acht Schneckenhäuser in einem Quadrat in die Mitte, und zwar so, wie sie später auch im Spiel aufgebaut werden können. So findest du heraus, wo du die inneren Linien kleben musst.

Markiere das innere Quadrat mit Reispapier und ergänze das zwischen innerer und äußerer Linie liegende Quadrat.

Füge die senkrechten Linien hinzu. Wenn du alle Linien ergänzt hast, ist dein Spielbrett fertig!

STROHPUPPE

Material:

- 1 Bündel Stroh
- 1 Bündel Getreidehalme mit Ähren, z. B. Roggen
- Stück getrocknete Flechten
- Bast oder Bastelschnur
- Stoffreste in verschiedenen Größen und Farben
- Schere
- evtl. ein Filzstift

Schwierigkeitsgrad:

schwer

Und so geht's:

Binde ein Bündel Getreidehalme zusammen; der Teil, an dem sich die Ähren befinden, ist der Rock. Umwickele den Teil oberhalb des Rocks mehrmals mit Bast oder Bastelschnur und verknote das Ganze.

Nimm das Bündel Stroh – es bildet die Arme – und lege es im rechten Winkel ein Stück weit oberhalb der Ähren auf das erste Bündel. Umwickele es kreuzweise mit Bast oder Bastelschnur und verknote es damit fest.

Los geht's – Praxisteil

Kürze die Halme mit den Ähren auf die richtige Länge. Achte darauf, dass die Arme nicht zu lang oder zu kurz sind und der Körper ebenfalls die richtige Länge hat. Stecke anschließend ein Stück getrockneter Flechten zwischen die Halme oben am Rumpf – das ist der Kopf.

Schneide ein Stück hellen einfarbigen Stoff ab, stülpe ihn über die Halme mit den Flechten, umwickele den unteren Rand des Stoffs, d. h. den Hals der Puppe, straff mit Bast oder Bastelschnur und verknote alles fest miteinander.

Jetzt wickelst du Bast oder Bastelschnur um die Arme und verknotest das Ganze.

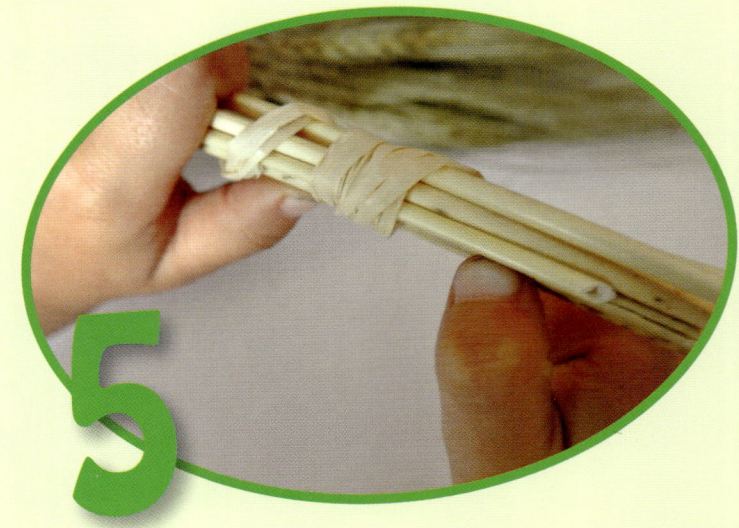

Schneide ein Stück karierten oder bunten Stoff ab und lege ihn um den Teil der Puppe unterhalb der Arme – das ist der Rock!

Wickele den Bast oder die Bastel-schnur mehrmals um den Rockansatz und mache einen festen Knoten.

Für das Hemd nimmst du ein schmales Stück Stoff, faltest es zuerst längs, dann quer zusammen und schneidest das gefaltete Eck ab – so hast du die Öffnung für den Kopf.

Ziehe den Stoff für das Hemd über den Kopf, raffe ihn an den Armenden zusammen und verknote die Enden mit schmalen Stoffstreifen.

Nimm ein größeres quadratisches Stück Stoff, falte es zu einem Dreieck, lege die Puppe darauf und verknote das Dreieckstuch. Wenn du magst, kannst du das Dreieckstuch mit einem schmalen Stoffstreifen um die Taille festbinden.

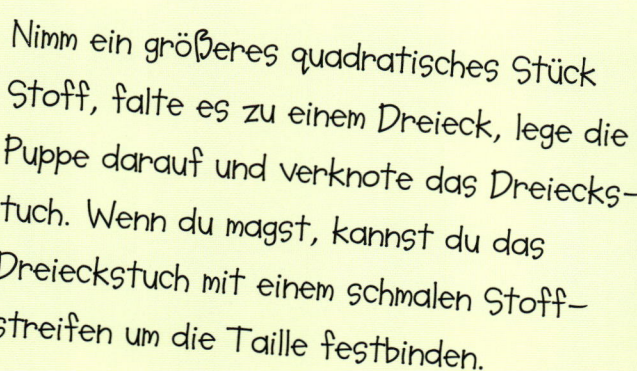

Für das Kopftuch nimmst du ein kleineres Stück quadratischen Stoff, faltest es wieder zu einem Dreieck und bindest es am Kopf fest. Nun kannst du deiner Puppe mit einem Filzstift ein Gesicht geben.

MOBILE AUS NATUR-MATERIALIEN

Material:

- mehrere dünne Schwemmholzstücke, davon ein Stück für den Hauptast des Mobiles, etwa 30 cm lang, die übrigen kürzer
- etwa gleich schwere Naturmaterialien, die sich gut zum Aufhängen eignen, z. B. getrocknete Orangenschalen, Muscheln, Eicheln, Holzstückchen, Nussschalen, getrocknete Blätter u. v. m.
- Bast zum Festbinden, etwa 2 m lang
- Handbohrer
- Schere

Und so geht's:

Schwierigkeits-grad:

schwer

Durchbohre Naturmaterialien, die sich aufgrund ihrer runden Form nicht mit dem Bast umwickeln lassen, vorsichtig mit einem Handbohrer. Lass dir, wenn du dir unsicher bist, von einem Erwachsenen helfen.

1

Nimm die einzelnen Naturmaterialien und befestige ein Stück Bast daran, das Baststück sollte nicht länger als 20 Zentimeter sein.

2

Befestige die Naturmaterialien an den Enden eines kürzeren Schwemmholzes.

Befestige in der Mitte des Stockes ein weiteres Baststück und balanciere das Mobile aus. Dabei gilt: Das schwerere Naturmaterial von beiden rückt in die Mitte.

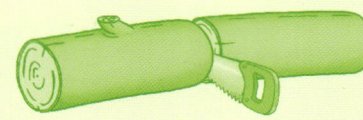

Binde an einen zweiten Schwemmholzstab wieder zwei Naturmaterialien und bringe den Stab ins Gleichgewicht, indem du die Naturmaterialien an die richtige Stelle rückst.

6

Befestige in der Mitte des Stabes ein weiteres Stück Bast, um damit diesen Ast des Mobiles an den Hauptast zu binden. Lass dir dabei am besten von einem Erwachsenen helfen. Befestige anschließend den zweiten Mobile-Ast am Hauptast des Mobiles.

Befestige zuletzt ein starkes Stück Bast am Hauptast, an dem du die beiden Seitenäste angebunden hast. Bringe das Mobile auch hier wieder ins Gleich-gewicht, indem du die Position des Bastes so lange verschiebst, bis das Mobile stabil hängt. Lass dir von einem Erwachsenen dabei helfen.

7

TIPP

AUF DAS GEWICHT ACHTEN

Verwende grundsätzlich nur sehr leichte Materialen für dein Natur-mobile. Wenn du sicher gehen willst, dass die Naturmaterialien annähernd gleich schwer sind, kannst du sie vor dem Basteln mit einer sehr genauen Haushaltswaage abwiegen.

WINTER

ADVENTSKRANZ MIT FICHTEN-ZAPFEN

Material:

- Kranz aus Weidenruten
- getrocknete Fichtenzapfen
- 4 Kerzenständer zum Einstecken
- 4 dicke rote Stumpenkerzen
- breites Geschenkband
- Bastelklebstoff, alternativ Heißklebe-pistole und Heißkleber

Und so geht's:

Schwierigkeits-grad:

leicht

1

Stecke die vier Kerzenständer in den Weidenkranz. Achte darauf, dass sich diese gegenüberstehen.

Befestige die vier Kerzen auf den Kerzen-ständern. Wichtig: Zünde Kerzen immer nur dann an, wenn ein Erwachsener dabei ist. Gehe nicht aus dem Zimmer, solange eine Kerze brennt!

2

Binde an den Kranz eine große Schleife aus dem breiten Geschenkband.

Stelle die Fichtenzapfen dicht aneinandergereiht in das Innere des Adventskranzes.

Fixiere die Zapfen anschließend mit Bastelklebstoff oder Heißkleber: Lass dabei flüssigen Klebstoff zwischen die Zapfen tropfen.

NUSSSCHALEN-TIERE

Material:

- verschiedene Naturmaterialien, z. B. Muscheln, Schneckenhäuser, Eicheln, Bucheckern, getrocknete Hülsenfrüchte wie Bohnen, Pfefferkörner
- Nussschalen, z. B. Kokosnussschalen oder Walnussschalen
- vorgesägte flache Holzplättchen
- Bastelklebstoff, alternativ Heißklebepistole mit Heißkleber

Und so geht's:

Schwierigkeitsgrad:

leicht

1

Stelle eine passende Auswahl an Naturmaterialien zusammen und probiere verschiedene Gestaltungsideen aus. Sehr gut als Rumpf für ein Nussschalentier eignet sich ein dickes Stück Rinde. Eine halbierte Kokosnussschale kann als Schildkrötenpanzer dienen.

Gib Bastelklebstoff auf die Stelle der Nussschale, an der der Rumpf befestigt werden soll, sowie an die Stelle des Rumpfes, auf der der Nussschalenpanzer aufliegen soll. Warte einige Zeit, bis der Klebstoff angetrocknet ist, und presse dann die Teile fest aufeinander.

2

Los geht's – Praxisteil

3

Klebe nun nacheinander die Beine des Nussschalentiers an. Als Beine kannst du sehr gut Muscheln verwenden. Gehe dabei in derselben Weise vor wie beim Aufkleben des Rumpfes.

Verziere nun den Panzer bzw. die Schale des Nussschalentieres mit Naturmaterialien. Sehr gut geeignet dafür sind flach aufliegende Naturmaterialien, z. B. dünne, flache Holz–plättchen mit einer breiten Auflagefläche. Sie haften auf gewölbten Flächen am besten.

4

5

Wenn du den gesamten Rücken des Nuss–schalentieres bekleben willst, beginne am bes–ten oben an der höchsten Stelle des Rückens. So kannst du die Plättchen am leichtesten lü–ckenlos auf dem Rücken verteilen: Die Plätt–chen sind auf diese Weise regelmäßig ange–ordnet – das gibt dem Tier ein „natürliches" Aussehen.

Besonders „natürlich" wirkt das Tier, wenn du am Rücken mit großen Plättchen beginnst und die Plättchen zum unteren Rand hin immer kleiner werden.

6

7

Klebe zuletzt die Augen auf. Verfahre dabei wie in Punkt 2 beschrieben. Wenn du magst, kannst du noch einen Schwanz aus Naturmaterialien ankleben. Gut geeignet dafür ist ein leicht biegsames Material, das stabil ist, aber dennoch nicht abbricht, z. B. ein Holzspan.

TIPP

KOKOSNUSSSCHALEN

Für Nussschalentiere kannst du Schalen von Walnüssen oder Kokosnüssen verwenden. Kokosnussschalen sind ideal: Sie sind groß und sehr fest, sodass du sie sehr gut mit verschiedenen Naturmaterialien verzieren kannst. Kokosnussschalen bekommst du, wenn du eine Kokosnuss aus dem Supermarkt in zwei Hälften zersägst, dabei die Kokosmilch abschöpfst und das Fruchtfleisch aushöhlst – am besten lässt du dir von einem Erwachsenen dabei helfen.

EISLICHT

Material:

- 2 Behälter aus Kunststoff, die man mit einem Abstand von etwa 3 cm ineinanderstellen kann, z. B. 2 unterschiedlich große Eimer
- getrocknete Naturmaterialien, z. B. Blätter, Zweige, Blüten, Gräser, Hagebutten
- mit Wasser gefüllte Gießkanne
- Steine zum Beschweren
- Kerze, Streichholz

Schwierigkeits- grad:

 leicht

Und so geht's:

1 Stelle die beiden Eimer ineinander und befülle den inneren Eimer mit Steinen.

2

Gib die ersten Naturmaterialien in den Zwischenraum zwischen den Eimern und fülle ihn mit Wasser aus der Gießkanne auf.

3

Gib weiteres Naturmaterial in den mit Wasser gefüllten Zwischenraum. Fülle aber nicht zu viel Wasser hinein: Beim Gefrieren dehnt sich Wasser aus. Lass deshalb am oberen Rand einige Zentimeter frei.

Stelle den Eimer anschließend nach draußen zum Gefrieren; das gelingt nur, wenn die Temperatur deutlich unter 0 Grad Celsius liegt. Wenn es draußen nicht kalt genug ist, musst du den Eimer mehrere Tage in den Eisschrank stellen.

4

5

Nimm die Steine aus dem inneren Eimer. Löse die Eimer voneinander, indem du vorsichtig und langsam warmes Wasser über die Außenwand und in den inneren Eimer laufen lässt. Stelle das Eislicht anschließend auf einen Teller, gib eine Kerze in die Mitte und zünde sie an. Wichtig: Zünde Kerzen immer nur dann an, wenn ein Erwachsener dabei ist. Gehe nicht aus dem Zimmer, solange eine Kerze brennt!

SCHNEEZAPFEN-DEKORATION

Material:

- Kiefern- oder Pinienzapfen
- Pappelflaum, ersatzweise Watte
- Schwemmholz oder Rinde als Unterlage
- Bastelklebstoff, alternativ Heißklebepistole und Heißkleber

Schwierigkeits-grad:

leicht

Und so geht's:

Löse den Pappelflaum vorsichtig von der Rispe und bedecke den Zapfen damit. Wenn du mit Watte arbeitest, kannst du gleich bei Schritt 2 loslegen.

2

Drücke den Pappelflaum oder die Watte ein wenig in die Vertiefungen zwischen den einzelnen Zapfenschuppen, damit er besser auf dem Zapfen haftet.

1

Nimm ein Häufchen von dem Pappel-flaum oder der Watte und forme mit deinen Handflächen kleine „Schnee"-Kügelchen.

Fülle die Zwischenräume zwischen den einzelnen Schuppen mit den „Schnee"-Kügelchen.

Befestige den Schneezapfen mit Bastel-klebstoff oder Heißkleber auf der Unterlage, also der Rinde oder dem Schwemmholz. Bestreue auch die Unter-lage mit Pappelflaum oder Watte.

Los geht's – Praxisteil

KERZEN GIESSEN

Material:

- Schale von 1 Kokosnuss, halbiert
- Kerzendocht, mit Wachs ummantelt
- lange Holzspieße
- Bindfaden
- Kreppband
- Topf mit Wasser
- Schokoladenschmelztopf
- weiße Kerzenreste oder weißes Kerzenwachs in Form von Pastillen

Für kleine Kerzen:

- Bienenwachs-Kerzenreste oder Bienenwachs-Pastillen
- Walnussschalen
- Kerzendocht
- Schere

Schwierigkeits-grad:

mittel

Und so geht's:

Stelle den Kerzendocht in die halbe Kokosnussschale, lege einen Holzspieß quer darüber und befestige ihn außen mithilfe des Kreppbandes an der Schale. Binde den Docht mit dem Bindfaden an dem Spieß fest.

Fülle den Topf mit Wasser und setze den Schokoladenschmelztopf darauf. Der Schokoladenschmelztopf muss von Wasser umgeben sein, damit er sich erwärmt. Fülle anschließend die weißen Kerzenreste oder Wachspastillen ein.

Erwärme den Topf und lass das Wachs schmelzen. Achte sorgsam darauf, dass kein Wasser in den Schmelztopf mit der Wachsmasse eindringt. Nur so kann das Wachs langsam schmelzen.

Gieße das flüssige Wachs langsam in die Kokosnussschale.

Lass die Kokosnuss mit der Wachsfüllung mindestens 24 Stunden ruhen: Warte, bis das Wachs komplett weiß gefärbt und damit nicht nur erkaltet, sondern völlig durchgehärtet ist. Löse anschließend die Befestigung des Dochtes ab.

Kleine Kerzen:

Schmilz die Bienenwachs-Kerzenreste oder die Bienenwachs-Pastillen in dem Schoko-ladenschmelztopf und fülle flüssiges Bienen-wachs in die Walnussschale mit Docht.

Warte, bis sich die Farbe des Wachses von leuchtend Orange zu Hellgelb verändert hat und das Wachs hart geworden ist. Kürze die Dochte mit der Schere auf die richtige Länge.

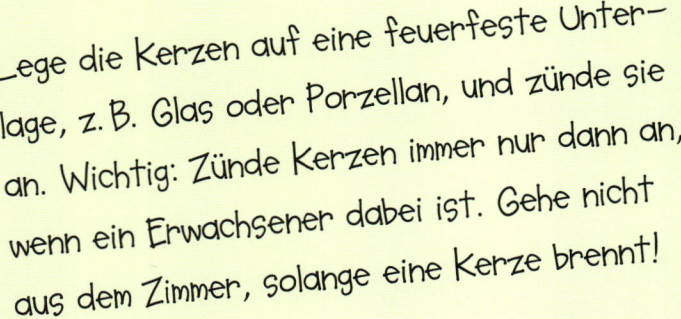

Lege die Kerzen auf eine feuerfeste Unter-lage, z. B. Glas oder Porzellan, und zünde sie an. Wichtig: Zünde Kerzen immer nur dann an, wenn ein Erwachsener dabei ist. Gehe nicht aus dem Zimmer, solange eine Kerze brennt!

KETTE AUS ORANGEN-SCHEIBEN UND ZIMTSTANGEN ⚭

Material:

- 1 Orange
- Zimtstangen und evtl. weitere Gewürze, z. B. Sternanis
- Filzstückchen in verschiedenen Farben
- Messer und Schneidbrett
- dünner Handbohrer
- evtl. Dörrautomat
- dünner Basteldraht
- Schwemmholzast zum Befestigen

Und so geht's:

Schwierigkeits-grad:

mittel

Schneide die Orange in etwa fünf Millimeter dicke Scheiben.

Trockne die Scheiben ca. sechs bis acht Stunden im Backofen bei 50 Grad Celsius (Umluft). Die Back-ofentür muss dabei einen Spaltbreit offen stehen – du kannst z. B. einen Holzkochlöffel dazwischenklemmen. Alternativ kannst du die Scheiben auch in einem Dörrapparat trocknen. Die Scheiben sind trocken, wenn sie hart sind, d. h. sich nicht mehr biegen lassen.

Los geht's – Praxisteil

Bohre in jede Orangenschale mit dem Handbohrer vorsichtig ein Loch unterhalb der Schale.

Fädele Basteldraht durch das Loch in der Orange und umwickele die Orange mit Basteldraht – dann glitzert sie im Licht.

Umwickele eine oder mehrere Zimtstangen in der Mitte mit Basteldraht.

Wickele Gewürze, z. B. Sternanis, um eine Orangenscheibe und füge sie an die Kette.

Ergänze weitere Schmuckelemente wie z. B. kleine Filzstückchen. Fertige für einen Fenster- oder Wandschmuck am besten mehrere Ketten an.

Befestige die Ketten mit Basteldraht an einem dünnen Stück Schwemmholz.

KIEFERNZAPFEN ALS WEIHNACHTSBAUMSCHMUCK

Material:

- Kiefernzapfen
- dünner Handbohrer
- kleine Schraubösen
- dünner Draht
- glitzernde Perlen zum Auffädeln

Schwierigkeitsgrad:

mittel

Und so geht's:

1 Nimm den Kiefernzapfen fest in eine Hand und den Handbohrer in die andere. Bohre nun ein kleines Loch in die Ansatzstelle des Zapfens, also dort, wo der Zapfen ursprünglich mit dem Baum verbunden war.

Drehe an der Stelle, wo sich das kleine Loch befindet, den Haken zum Aufhängen in den Zapfen.

2

3

Schneide ca. 20 Zentimeter Draht ab, fädele den Draht durch die Öse und befestige ihn in der Mitte mit einem Knoten.

Fädele nach und nach die Perlen auf den Draht.

4

5

Geschickte und geübte Bastler können auf beide Drahtstücke Perlen fädeln und nach einer festen Abfolge die beiden Stränge mit einer Perle, durch die beide Drähte geführt werden, verbinden.

REGISTER

DANKSAGUNG

Ganz besonders bedanken möchten wir uns bei Tara, Peer, Alba und Mads: Sie haben mit ihrem Bastelgeschick und ihrem Spaß beim Fotografieren wesentlich zu diesem Buch beigetragen.